LÉNINE

Aux origines de l'URSS

Sarah Klimowski

50MINUTES.fr

LÉNINE

Aux origines de l'URSS

Par Sarah Klimowski

50MINUTES.fr

LÉNINE — 11

Introduction
Données clés

LA VIE DE LÉNINE — 15

Les Oulianov, de la roture à la noblesse
Des origines kalmoukes
L'université de Kazan
La découverte des thèses marxistes
La rupture

CONTEXTE — 25

L'autocratie de Nicolas II ou l'absolutisme remis en question
La Grande Guerre
Une situation économique et sociale particulière
La Russie secouée par les révolutions

TEMPS FORTS — 35

Le révolutionnaire
Le héros de la révolution russe

L'ŒUVRE ET L'HÉRITAGE DE LÉNINE — 51

Une politique communiste sans précédent
Un paysage culturel et social bouleversé
Le centralisme russe
La création de l'URSS et l'ascension de Staline
Le culte de la personnalité

EN RÉSUMÉ 63

POUR ALLER PLUS LOIN 69

LÉNINE

INTRODUCTION

Vladimir Ilitch Oulianov, qui prendra le nom de Lénine, est issu d'un milieu affilié à l'autocratie des tsars qui dominent le vaste Empire russe depuis le XVIe siècle. Fils d'aristocrate, il ne présentait pas à l'origine le profil d'un homme qui aurait souhaité un avenir différent de celui qui attend tous les héritiers de son milieu, à savoir succéder à son père à la charge de dignitaire du tsar. Pourtant, il sera à l'origine de l'une des plus grandes révolutions du XXe siècle et deviendra une figure légendaire du prolétariat russe.

Le contexte politique de sa naissance s'avère relativement calme. C'est le tsar Alexandre II (1818-1881), surnommé le Libérateur suite à sa décision d'abolir le servage en 1861, qui règne sur l'empire. Les réformes vont bon train, laissant espérer un assouplissement de l'absolutisme russe au profit d'une politique plus moderne, suivant en cela le modèle des nations occidentales.

Pourtant, Vladimir Ilitch défie le déterminisme social et accompagne la Russie dans une aventure politique marquante et décisive pour le monde contemporain. Il n'a que 17 ans lorsque son frère aîné Alexandre (1866-1887), féru d'idéalisme et militant engagé, est pendu pour avoir participé à des complots visant l'élimination pure et simple du tsar Alexandre III (1845-1894). Marqué à jamais par ce drame et dépossédé d'un frère qu'il avait pris pour modèle, Vladimir radicalise sa vision politique. Depuis lors, d'exil en exil, il combat fermement la politique du souverain Nicolas II (1868-1918), monté au pouvoir en 1894, dont la répression le mène une première fois en prison en 1895. La rédaction des Thèses d'avril et son influence dans les milieux du militantisme socialiste lui valent d'être l'acteur principal du coup d'État d'octobre 1917 qui instaure en Russie le premier régime soviétique.

Aujourd'hui encore, Lénine demeure une figure incontournable de la culture et de la politique russe. Incontournable certes, mais guère incontestée puisque les recherches historiques tendent progressivement à déconstruire la légende dorée qui a entouré le personnage durant de nombreuses années.

DONNÉES CLÉS

- **Naissance ?** Le 22 avril 1870 à Simbirsk (Russie).
- **Mort ?** Le 21 janvier 1924 à Gorki (l'actuelle Nijni Novgorod, en Russie).
- **Apports majeurs ?** Créateur de l'Union des républiques socialistes soviétiques, Lénine est le principal acteur de la chute du régime tsariste qui gouvernait la Russie.

LA VIE DE LÉNINE

LES OULIANOV, DE LA ROTURE À LA NOBLESSE

Le 22 avril (le 10 selon le calendrier orthodoxe) 1870, Vladimir Oulianov naît à Simbirsk au bord de la Volga. À l'époque, cette commune ressemble à n'importe quelle autre ville provinciale de Russie, et récolte les fruits de l'urbanisation rapide qu'a connue le pays au XIXe siècle, passant de 10 000 habitants à 43 000 entre 1800 et 1870.

LE SAVIEZ-VOUS ?

En 1924, la ville est rebaptisée Oulianovsk en hommage à Lénine.

Ses parents ont sept autres enfants, dont quatre meurent en bas âge. Durant longtemps, les origines sociales de la famille Oulianov ont posé question. On a attribué au père de Lénine, Ilia Nikolaïevitch Oulianov (1831-1886), des ascendances serves, se référant à un arrièregrand-père qui aurait été affranchi bien avant la réforme de 1861. Depuis cette émancipation, les descendants Oulianov ont peu à peu gravi l'échelle sociale, à l'instar d'Ilia Nikolaïevitch qui accède à la prestigieuse fonction de conseiller d'État, ce qui lui ouvre les portes de la noblesse héréditaire. Ce nouvel héritage social est transmis à ses héritiers, dont fait partie Vladimir.

DES ORIGINES KALMOUKES

La grand-mère de Lénine est Kalmouke. Ce peuple mongol établi en Russie est l'une des nombreuses minorités qui composent l'Empire russe. En 1771, la tsarine Catherine II (1729-1796) a réduit leur autonomie et leur a fait renoncer à leur religion, le bouddhisme. De cette grand-mère, Lénine tient ses traits typés, dont des yeux bridés.

En outre, du côté maternel, Vladimir Ilitch possède un bagage culturel varié. Son grand-père juif (dont la mère est Suédoise) s'est converti à l'orthodoxie chrétienne, ce qui lui a permis d'occuper de hautes fonctions et, de facto, d'être reconnu noble héréditaire, à l'instar de son futur gendre. Aristocrate de sang, le futur Lénine signe à plusieurs reprises « Vladimir Oulianov, noble héréditaire » à la fin du XIXᵉ siècle, assumant donc pleinement son statut social.

L'UNIVERSITÉ DE KAZAN

Vladimir Ilitch n'a que 16 ans lorsque son père décède. L'année suivante, son frère aîné Alexandre Ilitch, le trublion agité de la famille, paie de sa vie son engagement contre la monarchie russe. Malgré le drame, Lénine réussit tous ses examens et intègre la faculté de droit à l'université impériale de Kazan (actuelle capitale de la république du Tatarstan). Il y fréquente des milieux clandestins qui encensent les thèses marxistes et imaginent la Russie de demain. Mais les autorités ne tardent pas à considérer qu'un frère de terroriste est lui-même suspect, et il est puni à titre d'exemple : en décembre 1887, il est exclu de l'université.

LA DÉCOUVERTE DES THÈSES MARXISTES

Chassé de l'université, Vladimir Ilitch se rend à Saint-Pétersbourg où il obtient son diplôme de droit en 1892 en qualité de candidat libre. Il exerce ensuite son métier à Samara, sans toutefois jamais plaider lors de procès importants. C'est à cette époque qu'il découvre avec sa future épouse Nadejda Kroupskaïa (1869-1939) les thèses marxistes. Arrêté en 1895, il s'exile à sa sortie de prison, un an plus tard, sur les bords de la Léna, ce qui lui aurait inspiré le fameux surnom de Lénine.

LA RUPTURE

Suite à un court exil en Sibérie, Vladimir Ilitch et sa compagne s'établissent en Suisse (1900), où ils vivront durant sept ans. En 1902, il publie son premier ouvrage d'importance, *Que faire ?*, dans lequel il rompt avec la doctrine marxiste en énonçant que le communisme n'est pas l'aboutissement des luttes ouvrières. Selon lui, il est nécessaire de préparer une avant-garde révolutionnaire afin de guider les ouvriers vers des jours meilleurs, quitte à devoir passer par une dictature pour y parvenir.

Le Parti bolchevik

En 1903, il prend la tête des bolcheviks (terme qui signifie « majoritaires » en russe) au cours d'un congrès du Parti social-démocrate ouvrier russe, alors que s'est produite une scission entre les partisans de ses idées (les bolcheviks) et leurs rivaux (les mencheviks, terme qui signifie « minoritaires » en russe). Deux ans plus tard, en mars 1917 (février selon le calendrier orthodoxe), éclate la première révolution russe, mais Lénine préfère rester en retrait.

Bolcheviks et mencheviks

La scission entre bolcheviks et mencheviks a lieu lors du second congrès du parti, dit Congrès de Londres. Au cours de celui-ci, Martov (social-démocrate russe, 1873-1923) et Lénine s'opposent sur la composition du parti. Le premier estime qu'il faut autoriser tous les adhérents, afin d'obtenir un mouvement conséquent, alors que le second songe plutôt à une structure fortement centralisée, composée d'un nombre limité de cadres formés pour diriger. Un vote à main levée a lieu afin de trancher. Martov ayant reçu le moins de votes, son groupe prend le nom de menchevique.

Les deux hommes s'étaient déjà opposés par le passé sur différents points, Martov souhaitant par exemple s'allier avec certains partis bourgeois, tandis que Lénine préférait recourir à la violence.

Le révolutionnaire

Il faut attendre le mois d'avril pour que Lénine sorte de son scepticisme et foule à nouveau le sol russe, nouvellement démocratique. Loin de croire en une révolution russe, il pressent pourtant que la chute du tsarisme ouvre une voie magistrale à l'avènement de sa doctrine. Il publie donc ses Thèses d'avril, qui ne sont ni plus ni moins que le programme d'action de son parti : il revendique une paix immédiate, sans annexions ni indemnités – la Première Guerre mondiale (1914-1918) fait alors rage et plonge le pays dans une grande misère –, émet sa volonté de confier les usines aux ouvriers et la terre aux paysans. Mais le nouveau Premier ministre russe, garant du Gouvernement provisoire issu de la révolution de Février, Aleksandr Kerenski (1881-1970), ordonne son arrestation, et Lénine est à nouveau contraint à l'exil en Finlande.

Quelques mois plus tard, le Gouvernement montre déjà quelques signes de faiblesse : la paix n'arrive pas, les pertes humaines se chiffrent en millions et les crises internes ne sont pas résolues. Le 6 novembre 1917, à la suite de la révolution d'Octobre qui a chassé le Gouvernement d'obédience libérale, Lénine juge la situation propice à son retour en Russie. C'est avec l'aide de la garde rouge, faction armée du Parti bolchevik qu'il prend le pouvoir. Il est le principal penseur de cette insurrection.

La formation de l'URSS

Comme il l'avait annoncé dans sa doctrine, Lénine s'empresse de mettre en place des décrets qui instaurent une dictature puisque, comme il le dit, « [t]ant que l'État existe, [il n'y a] pas de liberté ; quand régnera la liberté, il n'y aura plus d'État » (OULIANOV (Vladimir Illitch), *L'État et la Révolution*, 1917). Au nom d'une marche vers le bonheur, il prépare le terrain à une véritable terreur rouge.

En mars 1921, Lénine instaure la NEP (Nouvelle Politique économique), qui vient assouplir le régime dictatorial – au moins au niveau économique – et qui permet de rétablir une certaine forme de liberté dans le commerce. Un an plus tard, la Russie devient l'URSS (l'Union des républiques socialistes soviétiques) avec Moscou pour capitale. Lénine en sera consacré chef de gouvernement.

Paralysé depuis quelques mois, il se déplace en fauteuil roulant et sa santé ne cesse de se dégrader. En janvier 1924, Lénine s'éteint à l'âge de 53 ans. Peu après sa mort, le *Politburo* (bureau politique du Comité central du Parti communiste soviétique) ordonne que ce dernier soit mis en glace en attendant de trouver un meilleur moyen de le conserver. Le corps sera finalement embaumé pour être exposé publiquement à Moscou dans un mausolée sur la place Rouge, où il demeure encore aujourd'hui.

CONTEXTE

Il serait erroné de croire que Lénine a, à lui tout seul, inspiré et motivé les idées révolutionnaires russes. En réalité, premier pessimiste quant à l'aboutissement d'un tel bouleversement, il n'a fait que suivre les événements et saisir l'opportunité au bon moment. La révolution est donc née d'un terreau contextuel fertile à l'apparition d'un large mouvement de contestation en Russie impériale.

L'AUTOCRATIE DE NICOLAS II OU L'ABSOLUTISME REMIS EN QUESTION

Si la France a connu ses premiers sursauts révolutionnaires au XVIIIe siècle, il faut attendre la fin du XIXe pour qu'apparaisse en Russie une opposition claire et organisée contre le pouvoir absolu des tsars. Depuis 1894, date de son couronnement, Nikolaï Aleksandrovitch Romanov (1868-1918), dit Nicolas II, gouverne le pays en autocrate. Il en résulte une politique conservatrice désastreuse, car il n'a pas su s'entourer de bons conseillers.

Le Gouvernement Stolypine

Après une guerre perdue contre le Japon, entre 1904 et 1905, et de graves troubles intérieurs, Nicolas II refuse de tenter l'expérience du parlementarisme, bien trop attaché au dogme de l'autocratie. En formant un nouveau gouvernement, il choisit un dénommé Stolypine (1862-1911) comme Premier ministre. Ce dernier mène une politique répressive impitoyable contre les révolutionnaires. Il souhaite toutefois lancer une réforme agraire visant à améliorer la condition paysanne – la Russie étant majoritairement agricole. Bien qu'il soit réformateur, Stolypine n'a pas l'étoffe d'un démocrate et sa réforme ne verra jamais le jour, ayant été assassiné à Kiev en 1911 par un anarchiste avant d'avoir pu la mettre en place.

LA GRANDE GUERRE

Quand la Première Guerre mondiale éclate en Europe, Nicolas II et son pays ne sont pas prêts. La défaite cuisante contre le Japon en 1905, qui a affaibli et humilié le pays, reste dans toutes les mémoires et a conduit plusieurs soldats à la rébellion. Pourtant, Nicolas II a l'avantage du nombre, mais son armée n'est pas moderne, très peu mécanisée et en retard par rapport aux progrès techniques et militaires réalisés par l'Allemagne. La Douma (assemblée législative) vote tout de même la levée d'un budget exceptionnel pour la guerre malgré les appels à la désertion lancés par Lénine.

Les premiers mois sont désastreux pour l'armée russe qui est lourdement défaite à Tannenberg (1915) par les Allemands. Les pertes enregistrées cette année-là sont énormes : 1 200 000 soldats sont morts, ont été blessés, ont disparu ou ont été faits prisonniers. Le moral de la population est au plus bas, alors que la nécessité d'une nouvelle levée de troupes se fait de plus en plus pressante et que les munitions ainsi que le matériel se raréfient.

Bientôt, le tsar décide de prendre lui-même la tête du commandement suprême de l'armée, responsabilité jusque-là déléguée à un général. Il quitte alors Saint-Pétersbourg pour Moguilev (quartier général de l'armée russe), mais ce faisant, Nicolas II laisse un pays mécontent à l'impératrice et à son conseiller, Raspoutine (1864/1865-1916), un obscur moine orthodoxe très peu apprécié des proches du couple impérial en raison de la mauvaise influence qu'il exerce sur celui-ci.

UNE SITUATION ÉCONOMIQUE ET SOCIALE PARTICULIÈRE

Tout au long du XIXe siècle, la Russie est en retard par rapport aux autres pays européens. Elle connaît une révolution industrielle tardive et demeure majoritairement rurale. Les moujiks (paysans russes) représentent ainsi la plus grande partie de la population malgré l'abolition du sevrage par Alexandre II.

Ce n'est qu'à la fin du siècle que la Russie commence à rattraper son retard. Le nombre d'industries croît, entraînant par là même une augmentation du nombre d'ouvriers. Ceux-ci doivent faire face à des conditions de travail des plus pénibles : ils sont mal payés, travaillent plus de 15 heures par jour, n'ont pas de sécurité, aucune possibilité de se rassembler au sein de syndicats, etc. Cette classe ouvrière est dès lors partagée entre les différents partis aux idées révolutionnaires qui s'arrogent le droit de parler en son nom. À la même période, les villes sont frappées par le fléau de l'inflation et de la pénurie alimentaire et charbonnière. Les ouvriers ont du mal à se nourrir et à se chauffer. Les grèves s'enchaînent et troublent le pays. L'Empire russe commence à se fissurer.

Parallèlement à l'industrialisation du pays et malgré les premiers troubles sociaux, l'économie russe progresse rapidement, bien que son évolution dépende encore fortement d'investissements extérieurs. Une nouvelle classe émerge dans ce contexte favorable : la bourgeoisie, composée d'hommes d'affaires ainsi que de paysans riches et partisans des idées nouvelles.

LA RUSSIE SECOUÉE PAR LES RÉVOLUTIONS

Le Dimanche rouge

Le 23 janvier 1905, 200 000 ouvriers déferlent dans les rues de Saint-Pétersbourg afin de réclamer au tsar des réformes. Mais, au lieu d'ouvrir un dialogue, Nicolas II ordonne à sa garde de tirer sur les contestataires, ripostant de manière brutale et meurtrière. Si, officiellement, on annonce un bilan de 96 morts et 333 blessés, certains journaux, comme l'*Evening Sun*, parlent de plus de 2 000 morts.

Photo représentant une reconstitution du Dimanche rouge.

LE SAVIEZ-VOUS ?

Malgré la répression sanglante qu'il a lui-même ordonnée, Nicolas II consent, au terme de cette révolution, à créer une assemblée législative, la Douma, ce qui faisait partie des doléances des manifestants.

Février 1917

En mars 1917 (ce qui correspond au mois de février du calendrier orthodoxe), une série de manifestations et de grèves ébranlent Petrograd (Saint-Pétersbourg). Nicolas II, qui mène une politique de répression importante, donne l'ordre au Gouvernement d'endiguer les troubles. Mais la garnison chargée de réprimer l'agitation se rallie aux insurgés. Après avoir fraternisé, manifestants et militaires s'emparent du palais d'Hiver (résidence du tsar) et le régime tsariste est défait.

Manifestation de travailleurs durant la révolution de 1917.

Dans la foulée, un gouvernement provisoire est formé sous la direction du prince Lvov (1861-1925). Deux autorités vont alors s'opposer : le Gouvernement provisoire et les soviets (conseils) des ouvriers et des soldats au sein desquels tous les partis révolutionnaires socialistes et marxistes sont représentés.

Très vite, le nouveau Gouvernement déçoit les soviets – notamment suite au refus de signer la paix avec l'Allemagne –, même s'il prend certaines mesures démocratiques, telles que l'abolition de la peine de mort et la mise en place du suffrage universel pour les hommes et les femmes.

TEMPS FORTS

LE RÉVOLUTIONNAIRE

Vers la radicalisation

L'un des événements marquant et formateur de l'existence de Lénine est sans conteste son renvoi de l'université de Kazan, sous prétexte qu'il fréquente des milieux étudiants contestataires. En réalité, Lénine ne s'est jamais vraiment impliqué dans ces mouvements estudiantins de 1888 qui font trembler les universités russes. Il ne milite pas, mais se rend aux réunions périodiquement. Toutefois son nom est associé à Alexandre Illitch Oulianov, son frère exécuté par Alexandre III pour avoir fomenté un complot visant à l'assassiner. Aussi Vladimir Illitch est-il considéré par les autorités comme une menace sérieuse. Il est contraint de quitter l'université et est ensuite expulsé de la ville de Kazan.

Sa famille trouve alors refuge au nord de la Volga où le grand-père paternel de Lénine a laissé une propriété que sa mère aménage. Durant cet exil forcé, le jeune Lénine ne s'intéresse guère aux paysans, pas plus qu'à leur travail ou à leur condition sociale. Il partage ses journées entre la randonnée, la pêche à la ligne et la chasse. Il se complaît dans l'oisiveté, n'éprouvant aucun intérêt pour le travail manuel et physique, lui préférant l'écriture et la lecture, dont celle du *Capital* de Karl Marx (1818-1883).

LE MARXISME

Cette idéologie tire son appellation de l'auteur socialiste allemand Karl Marx. Elle est principalement développée dans Le Manifeste du parti communiste, publié en 1848. Dans l'ouvrage, Marx évoque le cycle historique par lequel passe toute nation. Selon lui, toute organisation sociale connaît tout d'abord un état de nature nécessaire avant de voir apparaître un régime féodal puis une révolution bourgeoise qui chasse l'aristocratie. Après la révolution bourgeoise, marquée par le triomphe du capitalisme, doit arriver la dictature du prolétariat.

S'il paraît assez étonnant qu'un tel ouvrage ait circulé dans un État tsariste adepte de la censure, cela s'explique pourtant aisément. Les censeurs n'ont en fait pas jugé utile d'interdire les traductions russes des livres de Marx, car ils les trouvaient obscurs, illisibles, et jugeaient par conséquent qu'il était impossible qu'ils touchent les masses.

En 1889, les Oulianov déménagent une nouvelle fois et s'installent dans l'*oblast* de Samara (région autonome), situé à 450 kilomètres de Kazan. Lénine y passe quatre années de sa vie. Sa mère acquiert une propriété terrienne afin qu'il devienne agriculteur. Loin de considérer cela comme un nouveau départ, Lénine replonge dans les travers de l'oisiveté et poursuit assidûment la lecture du *Capital*. Il s'avère rapidement être un propriétaire agricole médiocre, et n'arrive pas à faire fructifier son domaine. En outre, il entretient des relations assez distantes avec les paysans.

Peu à peu, le jeune homme se radicalise en assimilant les théories de Marx et finit par embrasser l'idée de révolution présentée dans ses lectures. Mais il demeure un homme réfléchi et comprend que rien ne sert de prendre les armes dans l'immédiat, puisqu'il considère que la Russie tsariste est encore soumise à la dictature aristocratique. Instaurer directement une dictature du prolétariat serait déroger à l'idéologie marxienne puisqu'elle évincerait une étape capitale, la révolution bourgeoise. Tout le dilemme de Lénine réside dans ce constat.

Les premiers combats politiques

Dès 1893, il se rend à Saint-Pétersbourg où il rencontre Nadejda Kroupskaïa, sa future épouse. Là, il lui arrive d'observer le travail des ouvriers, vêtu de loques afin de ne pas s'exposer comme intellectuel. S'il les examine, il refuse de leur venir en aide en participant à leur labeur. C'est en tout cas ce que lui reprochent certains de ses contemporains, dont l'écrivain russe Maxime Gorki (1868-1936) qui écrit à son sujet : « Il aime le processus de libération, pas ceux qui étaient libérés. »

Quand les autorités lui concèdent enfin le droit de voyager à l'étranger en 1895, il part visiter la Suisse, Paris, puis Berlin. Il y rencontre des représentants du courant révolutionnaire social-démocrate, comme Paul Lafargue (1842-1911), grande figure du socialisme français. À Saint-Pétersbourg, en décembre de la même année, il est arrêté par la police pour avoir cofondé le mouvement d'opposition Union de lutte. Cette organisation est la première organisation marxiste à mettre en lien les préoccupations politico-sociales (la lutte contre la classe aristocratique) et les doléances économiques des travailleurs. Emprisonné, il mettra à profit cette inactivité forcée pour s'essayer à théoriser la révolution en rédigeant notamment le *Développement du capitalisme en Russie* (1899).

Le dessein politique de Lénine s'articule autour de deux phases :

- tout d'abord, un parti communiste fort et unique, formé de cadres, doit s'emparer du pouvoir. Les cadres de ce parti vont ainsi se substituer à la bourgeoisie. Un semblant de capitalisme sera momentanément instauré afin d'accélérer le développement économique de la Russie, mais sous régulation du prolétariat.
- Dès lors que la Russie aura achevé son industrialisation, le capitalisme sera supprimé au profit du peuple qui prendra pleinement le pouvoir et contrôle son destin.

On remarque donc que Lénine reconnaît certains bienfaits du capitalisme, tels que notamment le remplacement des techniques archaïques par des instruments et machines modernes, l'émergence d'une classe de propriétaires indépendants ainsi que le développement urbain. Plus encore, il admet que le capitalisme est nécessaire au peuple parce qu'il lui permet non seulement de comprendre les maux qui l'affectent, mais l'oblige également à se rendre combatif socialement. Il faut toutefois y mettre un frein le plus vite possible, car, s'il se développe trop, le capitalisme devient nocif en ce qu'il est susceptible de provoquer la révolte des prolétaires les moins favorisés.

L'année 1897 voit la déportation de tous les membres de l'Union de lutte en Sibérie. Lénine, directement concerné, redoute la marche forcée, mais sa mère parvient à faire jouer ses relations afin qu'il voyage en train à ses frais. Peu de temps après, Nadejda le rejoint dans son exil.

Durant ce temps, la Russie connaît de grands bouleversements. En 1898, le Parti ouvrier social-démocrate de Russie (POSDR) se constitue, et Lénine ne peut suivre son évolution que de loin, par le biais des travaux de neuf délégués réunis à Minsk. En 1900, tout juste libéré, il est chargé d'organiser la création et la rédaction de la revue du nouveau parti, l'*Iskra* (« étincelle »), et est autorisé à quitter la Russie. Il part s'installer à Zurich.

Il adopte pour la première fois le pseudonyme de Lénine en décembre 1901, en signant un article paru dans la revue *Zaria*.

L'exil en Europe

Lénine passe la plus grande partie de sa vie en exil. En tout, il passera une grosse quinzaine d'années en Europe occidentale, dont sept en Suisse. C'est ainsi qu'il séjourne à Zurich (1900), à Genève (1903-1905 et 1908), à Berne (1914-1915) puis de nouveau à Zurich (1916-1917). Il habite également durant un temps à Munich (1901-1902), à Londres (1902-1903), en Finlande (1905-1907), à Paris (1909-1912) et à Cracovie (1912-1913). L'attente d'un retour au pays lui semble interminable.

À Zurich, ses conditions de vie ne sont pas optimales. Il occupe un appartement au numéro 14 de la *Spiegelgasse*, situé tout près d'une charcuterie industrielle. L'été, les fenêtres doivent rester closes tant l'odeur est insupportable.

Après 17 années passées à théoriser la révolution, Lénine pense avoir un rôle primordial à jouer ; mais en Russie, aucun ouvrier ne connaît encore son nom. Impuissant vu la distance qui le sépare de ses terres natales, il se contente de lire la presse afin de se tenir informé sur le déroulement de la Grande Guerre dans laquelle la Russie est impliquée depuis 1914. Il souhaite d'ailleurs que celle-ci en sorte perdante car, selon lui, la liberté des peuples émergera des ruines fumantes de la guerre.

À Zurich, il fréquente également le cabaret Voltaire, repère des dadaïstes (mouvement intellectuel et artistique qui se développe durant la Première Guerre mondiale), où l'on s'attaque à la bourgeoisie, éternelle ennemie de Lénine. Les dadaïstes souhaitant réduire à néant cette classe sociale qu'ils jugent parasitaire, Lénine les considère un temps comme les partisans de son futur régime soviétique, mais c'est sans compter sur le rejet de toute forme d'autorité, dont celle de Lénine, qui animera bientôt le groupe.

La scission politique

Lénine connaît une parenthèse anglaise de 1902 à 1903. En effet, la pression de la police bavaroise est trop pesante sur la rédaction du journal l'*Iskra*, installée à Munich dès les premiers mois de 1901. Les rédacteurs décident donc de déménager à Londres où Lénine et son épouse séjourneront pendant un an. Là, il fréquente un pub d'immigrés russes et de sociaux-démocrates anglais, et convertit chaque table en tribune politique. La plupart des débats gravitent autour de son ouvrage *Que faire ?* et de sa phrase polémique : « Donnez-nous une organisation de révolutionnaires et nous bouleverserons la Russie de fond en comble. » (Oulianov (Valdimir Illitch), *Que faire ?*, 1902)

QUE FAIRE ?

Dans son ouvrage, Lénine compile des idées qu'il a retenues au fil de ses lectures. Le titre fait d'ailleurs directement référence au roman du célèbre auteur russe Nikolaï Tchernychevski (1828-1889) qui a fortement inspiré Lénine durant sa jeunesse. Loin d'être une fiction, le livre de Lénine est un véritable programme d'action politique.

Lorsque vient la question de l'organisation du Parti ouvrier social-démocrate de Russie (POSDR), les divergences d'opinion entre les différents membres se font de plus en plus fortes et finissent par scinder le groupe : c'est la rupture entre les bolcheviks et les mencheviks. À partir de 1905, les bolcheviks forment un parti radical à part entière.

Depuis la Finlande, Lénine suit la première révolution russe et prend connaissance de la manifestation populaire qui a secoué la Russie le 23 janvier et de sa répression sanglante. Mais tout cela est encore loin du coup d'État qu'il ambitionne de lancer.

Si le rapport de force fluctue entre les bolcheviks et les mencheviks, la ligne du parti de Lénine finit par triompher lors du Ve Congrès du POSDR qui se tient à Londres le 13 mai 1907. Transitant de la

Finlande à la Suède en 1907 afin de fuir la police du tsar, il se réfugie à Genève, où il connaît des années difficiles, puis à Paris. Il finit par s'établir en Pologne, à Cracovie, près de la frontière russe. De là, il espère influencer ses camarades restés en Russie, et dirige un nouveau journal, la *Pravda* (« vérité » ou « justice »). Le 7 août 1914, arrêté en territoire autrichien et soupçonné d'espionnage, il regagne finalement Zurich sitôt libéré.

LE SAVIEZ-VOUS ?

Lénine s'exile à Genève en 1903, où il habite un somptueux quartier aux frais du parti, c'est-à-dire grâce à l'argent que Staline (1878-1953) est chargé de récolter et qu'il obtient en braquant des banques.

LE HÉROS DE LA RÉVOLUTION RUSSE

Le retour en Russie

En février 1917, la nouvelle que Lénine attendait tant arrive jusqu'à lui : une révolution vient de mettre fin à l'absolutisme du tsar. En lisant l'information dans le *Neue Zürcher Zeitung* (« *La Nouvelle Gazette zurichoise* »), Lénine n'en croit pas ses yeux. Il prépare aussitôt son retour en Russie avec la complicité de sa compagne. Le 9 avril 1917, il réunit autour de lui une trentaine d'immigrés russes, et le groupe se hâte vers la gare en chantant.

Le train qui les transporte est arrêté à Singen en Allemagne, mais Lénine n'est pas inquiété, car l'empereur allemand sait qu'il souhaite la défaite militaire de la Russie et qu'à son retour à Petrograd, il œuvrera pour amplifier la lassitude de la guerre auprès de la population russe. Le wagon dans lequel transite Lénine obtient ainsi un statut d'extraterritorialité et le chef bolchevik reçoit une somme importante de la part du Kaiser pour mener à bien ses projets. Si le révolutionnaire parvient à prendre le pouvoir en Russie, il s'engage *de facto* à signer la paix avec l'Allemagne. Cet accord est farouchement critiqué par les mencheviks qui refusent un retour de Lénine consenti par l'alliance tacite avec l'Allemagne.

Après un trajet sans incident, Lénine rentre triomphant à Petrograd et se retrouve à la tête de plusieurs milliers d'hommes. Il prône la mise en place d'une lutte immédiate pour que le prolétariat prenne le pouvoir, sans s'encombrer d'une transition par un gouvernement démocratique bourgeois. Il expose son point de vue et son programme politique dans ces célèbres Thèses d'avril. Si Trotski (1879-1940) le rejoint, plusieurs bolcheviks se montrent en revanche réticents face à sa politique.

« Tout le pouvoir aux soviets ! », voilà le mot d'ordre transmis par Lénine. Sur le champ de Mars (où sont enterrées les victimes des révolutions de 1905 et de février 1917), Lénine prononce, le 1er mai 1917, un discours dans lequel il évoque la dictature, ce qui effraie de nombreux partisans.

En juillet 1917, le Gouvernement provisoire, d'obédience démocratique et bourgeoise, déclare que les manifestations bolcheviks sont des tentatives de coup d'État et ordonne donc de faire feu sur les manifestants. En outre, Aleksandr Kerenski (1881-1970), le nouveau chef du Gouvernement, ordonne la mise à mort de Vladimir Illitch Oulianov. Ce dernier est contraint de fuir une nouvelle fois, et choisit de se rendre en Finlande. Mais peu de temps après, Kerenski doit faire face au général Kornilov (1870-1918) dont les troupes marchent sur Petrograd afin d'en prendre le contrôle. Pour l'en empêcher, il est contraint de rappeler les bolcheviks en renfort, parmi lesquels se trouve Lénine.

La prise du pouvoir

Dès le mois d'octobre 1917, Lénine lance un ultimatum aux soldats de Kornilov, qui doivent choisir entre la dictature militaire de ce dernier et la dictature du prolétariat. Les soldats changent alors de camp et rejoignent les insurgés bolcheviks. Rapidement, les gardes rouges (soldats bolcheviks) menés par Trotski prennent le contrôle des ponts et des endroits stratégiques de Petrograd. Au terme de ce coup de force, les révolutionnaires renversent le Gouvernement provisoire et Lénine devient président du Conseil des commissaires du peuple, la nouvelle autorité du pays. Il est en cela farouchement critiqué par les mencheviks et un large pan des socialistes révolutionnaires, qui refusent de légitimer l'insurrection bolchevik.

Comme convenu avec les Allemands, Lénine négocie le traité de Brest-Litovsk (3 mars 1918) afin de signer la paix avec l'Allemagne. Assez rapidement cependant, après avoir instauré toute une série de mesures socialistes et marxistes, il voit sa santé faiblir. En 1922, il subit plusieurs attaques cardiaques qui l'affaiblissent. Il finit par s'éteindre le 21 janvier 1924.

L'ŒUVRE ET L'HÉRITAGE DE LÉNINE

Le combat de Lénine pour une Russie communiste marquera à jamais l'histoire européenne. Les répercussions de son arrivée au pouvoir sont nombreuses.

UNE POLITIQUE COMMUNISTE SANS PRÉCÉDENT

Aussitôt au pouvoir, les bolcheviks mènent une réforme de nationalisation, marquée notamment par la redistribution des terres aux paysans.

Si la paix est finalement signée avec l'Allemagne en mars 1918, le nouveau Gouvernement doit affronter une guerre civile ravageuse qui oppose l'Armée rouge, les partisans de la révolution, à l'armée blanche, les sympathisants du tsar. Ce conflit meurtrier mène à l'instauration du communisme de guerre, qui vient radicaliser la nationalisation et autorise l'État bolchevik à spolier tous les biens économiques afin de sortir victorieux de cette guerre.

Les mesures autoritaires du communisme de guerre offrent la victoire aux bolcheviks, mais le pays est dévasté. La famine et les épidémies alourdissent le bilan de cette guerre intestine dont le nombre de victimes s'élève à environ 11 millions.

Devant l'urgence de la situation, Lénine engage un nouveau projet, la NEP (Nouvelle politique économique), véritable compromis entre le socialisme et le capitalisme puisqu'il permet l'essor – restreint – du marché et du secteur privé.

Mais si le pays se redresse lentement, l'étau se referme sur les libertés publiques : les syndicats sont interdits, ainsi que les associations et les partis autres que bolcheviks. Les persécutions religieuses sont également plus importantes qu'auparavant, et un véritable système concentrationnaire se met en place : les goulags. En

1921, les marins de Kronchtadt, déçus par Lénine, se révoltent et sont écrasés par l'Armée rouge qui poursuit son règne de terreur.

UN PAYSAGE CULTUREL ET SOCIAL BOULEVERSÉ

En 1918, Lénine fait abattre tous les monuments à la gloire de la monarchie et fait placarder dans les rues la célèbre phrase de Marx : « La religion est l'opium du peuple. » En effet, la pensée marxiste et léniniste revendique une sorte d'athéisme. Pour Lénine, la religion est une oppression spirituelle et doit, tout au mieux, demeurer une affaire privée. Ainsi, il ne combat pas la religion dans son ensemble, mais les liens qui existent entre la religion et l'État. Lénine va même jusqu'à prôner la liberté de religion.

En outre, le quota des étudiants est revu à la hausse dans les universités où sont favorisés les enfants d'ouvriers et de paysans. Cette ouverture de l'enseignement supérieur aux classes prolétaires a pour effet de faire chuter la qualité des enseignements, les politiques d'entrée privilégiant l'accès aux travailleurs, aux dépens des milieux bourgeois.

Le suffrage universel est quant à lui maintenu, et l'égalité de tous les peuples de Russie est décrétée. On note que sous Lénine, la société devient paradoxalement plus permissive au niveau des questions morales. Par exemple, l'avortement est légalisé par l'État, et le divorce est désormais plus simple à obtenir. Les attitudes traditionnelles ont laissé place aux idéaux des révolutionnaires.

L'arrivée de Lénine au pouvoir marque également l'apparition de nouvelles habitudes dans le paysage culturel et politique russe, avec une propagande instaurée pour le Parti communiste, et non pour Lénine lui-même, dont le culte naîtra seulement après sa mort.

Pour éviter toute révolution de la part des prot-saristes, les bolcheviks font assassiner Nicolas II, son épouse et leurs enfants sans aucune forme de procès en juillet 1918.

Au niveau culturel, les artistes demeurent rela-tivement libres durant les premières années du régime soviétique, même si la plupart quittent la Russie en raison de leur position antibolchevik. Lénine apprécie particulièrement l'art tradi-tionnel et rejette toute forme d'art nouveau. Il soutient d'ailleurs la scène artistique et souhaite qu'elle soit accessible aux masses. Ainsi, de nombreuses collections d'art privées sont natio-nalisées par Lénine qui crée en outre le musée du Nouveau Western Art à Moscou.

LE CENTRALISME RUSSE

Contrairement à la Russie actuelle, le pays est centralisé sous Lénine. Or les différentes natio-nalités qui forment l'Empire russe réclament leur indépendance. C'est pourquoi les bolcheviks entreprennent une politique particulièrement agressive de centralisation afin de rallier la périphérie de l'empire. Ils envahissent ainsi la

Géorgie en 1921, État qui souhaitait obtenir son indépendance.

LA CRÉATION DE L'URSS ET L'ASCENSION DE STALINE

En 1922, sous l'impulsion de Lénine, la Russie devient officiellement l'Union des républiques socialistes soviétiques, avec Moscou pour capitale. Cette création lui permet d'appliquer sa vision fédéraliste : au lieu d'instaurer une Russie unitaire, il préfère fédérer plusieurs Républiques socialistes pour accorder à chaque ethnie une autonomie locale.

Un an plus tard, alors qu'il prépare la nouvelle constitution du pays, Lénine perd progressivement le contrôle. En effet, toute l'attention est concentrée sur la structure territoriale de l'État, et Staline en profite pour proposer un schéma constitutionnel qui assure la prédominance de la Russie. Lénine, déjà très affaibli par sa maladie, s'oppose en silence au projet, car il défend ardemment la liberté des peuples à disposer d'eux-mêmes et critique ouvertement le chauvinisme grand-russe (nationalisme exacerbé, tourné vers le groupe ethnique des Russes, par opposition aux autres Slaves) qui transparaît dans la nouvelle Constitution.

Photo de Lénine et de Staline prise en mars 1919.

Peu à peu, Lénine s'aperçoit que Staline concentre trop de pouvoir entre ses mains, cumulant plusieurs mandats (secrétaire général du parti, dirigeant de l'Inspection ouvrière et paysanne, etc.). Dans son testament, Lénine écrit à ce propos : « Le camarade Staline, devenu secrétaire général, a concentré entre ses mains un pouvoir illimité, et je ne suis pas sûr qu'il puisse toujours s'en servir avec assez de circonspection. »

(Testament de Lénine, 24 décembre 1922) Dans la vision de Lénine, ce n'est pas un homme qui doit gouverner le pays, mais le parti.

LE CULTE DE LA PERSONNALITÉ

Immédiatement après sa mort, le Politburo (bureau politique du Comité central du Parti communiste soviétique) décide de conserver le corps de Lénine dans de la glace, à défaut de trouver un meilleur moyen de conservation. Finalement, les hautes autorités du parti font le choix d'embaumer le corps pour le présenter publiquement dans un mausolée sur la place Rouge à Moscou, malgré les vives protestations de son épouse.

LE SAVIEZ-VOUS ?

À sa mort, le cerveau de Lénine est prélevé et conservé dans du formol. Le neuroscientifique Oskar Vogt (1870-1959) est chargé par le Gouvernement soviétique de l'étudier dans l'espoir de trouver la source du génie de Lénine. Un institut spécialisé dans l'étude du cerveau voit d'ailleurs le jour au même moment à Moscou pour permettre à Vogt de poursuive ses recherches, qui seront finalement discréditées bien des années plus tard.

Bien que mort, l'image de Lénine sert le Parti communiste à des fins de propagande. Un véritable culte lui est voué, que ce soit par l'édification de monuments à son effigie ou par des lieux rebaptisés en son honneur. Toutefois, ce culte connaît ses limites au fil des ans. S'il est encore persistant sous Staline, la fin de l'URSS marquera le retour d'une critique virulente à l'égard de Lénine, portant notamment sur la terreur rouge qu'il a imposée durant la guerre civile.

Propagande mettant à l'honneur Lénine (1929).

Selon l'AFP, en 2014, plus d'un Russe sur deux (environ 51 %) pense que Lénine a joué un rôle positif dans l'histoire de la Russie. Ces résultats sont le fruit d'une volonté du Kremlin de s'appuyer sur des symboles soviétiques, ce qui a provoqué une nouvelle vague d'intérêt à l'égard du personnage de Lénine. Pourtant un fossé se creuse entre l'ancienne génération (les plus de 50 ans) et la nouvelle ; cette dernière souhaitant par exemple voir le corps de Lénine enterré, prétendant que celui-ci appartient à un passé historique qui ne nécessite plus un monument aussi important que son mausolée sur la place Rouge.

Le mausolée de Lénine

EN RÉSUMÉ

1870

22 avril : Naissance de Lénine

1887

Exécution du frère de Lénine

1897

Lénine est envoyé en exil en Sibérie

1899

Publication du *Développement du capitalisme en Russie*

1900

Lénine est autorisé à quitter l'URSS Il se rend à Zurich pour poursuivre son exil

1902

Publication de *Que faire ?*

1903

Lénine prend la tête du Parti bolchevik

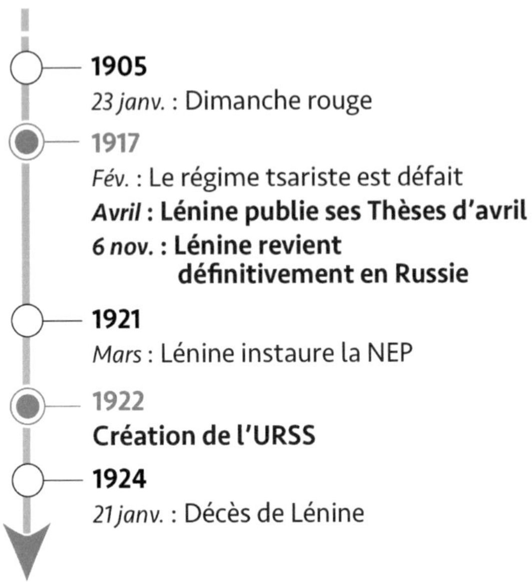

- Vladimir Illitch Oulianov naît le 22 avril 1870 à Simbirsk en Russie. Il grandit dans l'aisance, car il provient d'une famille aristocratique tant du côté paternel que maternel.

- Les Oulianov forment une fratrie de huit enfants, mais Vladimir Illitch est surtout proche de sa sœur Olga et de son frère aîné Alexandre. Ce dernier participe au mouvement de contestation anarchiste et complote contre le tsar Alexandre III. Arrêté, il est pendu, et sa culpabilité a des conséquences sur l'ensemble de sa famille, désormais considérée comme suspecte.

- Expulsé de l'université de Kazan en 1887, Lénine se rend avec sa famille à Saint-Pétersbourg, où il découvre les idées révolutionnaires. S'il s'inscrit par correspondance à l'université, il n'accorde que peu d'intérêt à sa future carrière d'avocat et préfère se consacrer aux thèses révolutionnaires.

- Arrêté en 1895 pour avoir cofondé l'Union de lutte, il est envoyé en Sibérie où il demeure deux années en compagnie de son épouse Nadejda Kroupskaïa. Il rejoint ensuite la Suisse, sa principale terre d'accueil, où il mène un combat à distance.

- Ces années d'exil sont marquées par son engagement politique. Il est encore en Sibérie quand le Parti ouvrier social-démocrate de Russie est fondé. S'il ne participe pas directement à sa création, il sera sollicité pour en tenir le journal politique, l'*Iskra*.

- En 1903, le POSDR voit s'opposer deux groupes, les bolcheviks rassemblés autour de Lénine, et les mencheviks autour de Martov.

- À partir de 1914, la Grande Guerre fait rage, et la Russie se trouve peu à peu ruinée et affamée. La politique menée par Nicolas II s'avère désastreuse pour le pays.

- Après une première révolution écrasée dans le sang et la violence en 1905 à Saint-Pétersbourg, il faut attendre février 1917 pour que le régime tsariste soit balayé par une vague populaire réunissant ouvriers et soldats.

- Un gouvernement provisoire est mis en place à l'issue de cette révolution de Février. Il est renversé huit mois plus tard par une insurrection bolchevik, à la tête de laquelle se trouve Lénine.

- Jusqu'en 1917, très peu d'ouvriers russes connaissent le nom de Lénine. Il acquiert toutefois un peu de popularité avec ses Thèses d'avril, lors de son retour éclair à Petrograd. Fuyant en Finlande, il ne revient qu'en octobre pour prendre le pouvoir par la force et instaurer la dictature du prolétariat, à travers une série de réformes communistes visant à la nationalisation des terres et des biens économiques, la persécution de la religion et la persécution des opposants politiques.

- En 1922, Lénine crée l'URSS.

- Le 21 janvier 1924, Lénine s'éteint à Gorki, emporté par une attaque cérébrale.

POUR ALLER PLUS LOIN

SOURCES BIBLIOGRAPHIQUES

- CARRÈRE-d'ENCAUSSE (Hélène), *Lénine. La révolution et le pouvoir*, Paris, Flammarion, 1979.

- CARRÈRE-d'ENCAUSSE (Hélène), *Lénine*, Paris, Fayard, 1998.

- HERENG (J.) et DE VEEN (C.), *La révolution bolchevique*, Bruxelles, Artis-Historia 1999.

- « Lénine », in *Jesuismort.com*, consulté le 9 février 2015. http://www.jesuismort.com/biographie_celebrite_chercher/biographie-lenine-751.php

SOURCES ICONOGRAPHIQUES

- Photo représentant une reconstitution du Dimanche rouge. La photo reproduite est jugée libre de droits.

- Manifestation de travailleurs durant la révolution de 1917. La photo reproduite est jugée libre de droits.

- Photo de Lénine et de Staline prise en mars 1919. La photo reproduite est jugée libre de droits.

- Propagande mettant à l'honneur Lénine (1929). La photo reproduite est jugée libre de droits.

- Le mausolée de Lénine. La photo reproduite est jugée libre de droits.

MONUMENTS

- Le monument le plus célèbre concernant Lénine est son mausolée construit sur la place Rouge à Moscou et qui contient son corps embaumé. Toutefois, la Russie conserve précieusement d'autres lieux de mémoires, comme à Oulianovsk où sa maison d'enfance a été transformée en lieu de pèlerinage et en musée.

Votre avis nous intéresse !
Laissez un commentaire sur le site de votre
librairie en ligne et partagez vos coups de cœur sur
les réseaux sociaux !

ISBN ebook : 978-2-8062-6650-7
ISBN papier : 978-2-8062-6651-4
Dépôt légal : D/2015/12603/280
Photo de couverture : *Lénine*, Image réputée libre de droits.

Conception numérique : Primento,
le partenaire numérique des éditeurs